Das Meer

für Kinder erzählt

Titel der Originalausgabe: *La mer racontée aux enfants*
Erschienen bei Éditions De La Martinière Jeunesse, Paris, 2002
Copyright © 2002 Éditions De La Martinière Jeunesse

Alle Fotografien stammen von Philip Plisson außer S. 12–13, 20 und
24 von Guillaume Plisson und S. 10–11 von Christophe Lepetit

Bibliografische Information Der Deutschen Bibliothek
Die Deutsche Bibliothek verzeichnet diese Publikation in der Deutschen Nationalbibliografie;
detaillierte bibliografische Daten sind im Internet über http://dnb.ddb.de abrufbar.

Deutsche Erstausgabe
Copyright © 2003 von dem Knesebeck GmbH & Co. Verlags KG, München
Ein Unternehmen der La Martinière Groupe

Umschlagabbildungen:
(vorn) Der Leuchtturm von Four im Atlantik
(hinten) Ein Delfin vor dem Bug eines Schiffes
(Vorsatz) Fangnetze

Satz: satz & repro Grieb, München
Printed in Belgium

ISBN 3-89660-165-2

www.knesebeck-verlag.de

PHILIP PLISSON ⚓

Das Meer
für Kinder erzählt

Texte von
Yvon Mauffret

Illustrationen von
Emmanuel Cerisier

Aus dem Französischen von
Veronika Straaß und Hannelore Leck-Frommknecht

KNESEBECK

INHALT

Wie Philip Plisson arbeitet

»Ich heiße Jens, und mein kleiner Cousin heißt Kai … Unser Großvater heißt Philip. Und immer wenn er seine Brille auf die Nase herunterrutschen lässt, damit er mich besser anschauen kann, sehe ich in seinen Augen das Meer. Ein unendlich weites Meer.

Niemand liebt das Meer so sehr wie Großvater. Miraculix würde sagen, er ist 'reingefallen, als er noch klein war. Das stimmt. Übrigens hatte er schon einen Fotoapparat, als er so alt war wie ich. Eine Ultrafex (wenn man Asterix wäre, würde man sie Ultrafix nennen!), und damit hat er von seinem kleinen Boot aus Schiffe fotografiert. Die Fotos hat er dann selbst entwickelt, bevor er ins Bett gegangen ist. Ganz bestimmt hat er damals nie Hausaufgaben gemacht. Mit achtzehn Jahren ist er mit einem riesigen Schiff weggefahren. Er war Matrose mit einem roten Bommel, wie man sie in Büchern sieht, und er hat die ganze Welt und alle Meere gesehen. Auf dem Schiff war er für all die

kleinen Arbeiten zuständig, die an Bord anfallen. Immerhin hat er damit genug Geld verdient, so dass er sich den Fotoapparat seiner Träume kaufen konnte, als das Schiff einen Hafen im Indischen Ozean anlief. Unser Großvater ist viel herumgereist, um

überall auf der Welt Schiffe zu fotografieren.

Am Anfang hat er Regattaboote und die neuesten schönen Yachten fotografiert. Aber jetzt macht er lieber Fotos von der Küste und den Leuchttürmen, damit jeder sieht, wie schön unsere Landschaft ist. Wenn er uns besucht, erklärt er Lars und mir, wie man gute Fotos macht: Zuallererst muss man das, was man fotografieren will, gut kennen. Dann muss man stundenlang auf den Moment warten, in dem das Licht am allerschönsten ist. Oft fotografiert Großvater ganz früh am Morgen oder wenige Minuten vor Sonnenuntergang.

Von seinem schönen roten Schnellboot *Bildfang* aus fotografiert er die Küste und die Fischerboote. Stürme gefallen ihm auch gut. Sobald das Meer vor lauter Schaum ganz weiß wird, setzt er sich in den Hubschrauber und macht tolle Fotos! Wenn man mit ihm auf See ist, kriegt man mit, dass alle, die vom Meer leben – zum Beispiel die Fischer und die Austern-züchter – gern von ihm fotografiert werden.

Bei ihm sehen das Meer, die Schiffe und die Seeleute immer besonders schön aus. Auf Großvaters Booten lernt man Fotografieren, aber man lernt auch, wie man ein Boot steuert. Großvater ist ein prima Lehrer und ein richtiger Seemann.

»Ich weiß nicht, ob ich später mal Fotograf werde, so wie er, aber ich weiß, dass ich das Meer schon jetzt sehr liebe, genau wie Kai, und das verdanken wir unserem Großvater.«

Die Kunst, ohne Boot auf Fischfang zu gehen

Was die Leute an der Küste am liebsten tun?
Sie gehen bei Ebbe zu Fuß auf Fischfang,
wenn die Welt der Muscheln und Krebse zum
Vorschein kommt.

Jedes Mal, wenn sich das Meer bei
Ebbe besonders weit zurückzieht, machen sich
Männer, Frauen und Kinder auf den Weg dorthin. Sie haben verschiedenste Sachen dabei: Kä-
scher, Schaber, Eimer und Beutel. Jetzt ist die
richtige Zeit, auf Fischfang zu gehen!

Das Meer ist flach, und jeder kann sich von
den Schätzen nehmen. Im Seegras verstecken sich
rosa Garnelen, unter Steinen hocken Krabben,
Seezungen und Flunder verschmelzen perfekt mit
der Farbe des Sandes, Miesmuscheln kleben an
Felsen, Venusmuscheln haben sich zentimetertief
in den Sand eingegraben.

Die friedliche Invasion dauert ein paar Stunden. Dann steigt das Meer wieder und treibt die
Scharen der Fischer an Land.

Ein harmloses Vergnügen, aber nur, wenn bestimmte Regeln eingehalten werden: Die um-
gedrehten Steine müssen wieder so hingelegt
werden, dass die Tiere, die darunter ihren
Schlupfwinkel hatten, weiter dort leben können. Zu kleine Tiere dürfen nicht eingesammelt
werden; sie sollen lieber weiterwach-
sen und für Nachwuchs sorgen.
Dafür gönnt das Meer den Hobby-
Fischern ja auch ihren Spaß.

Herzmuschel

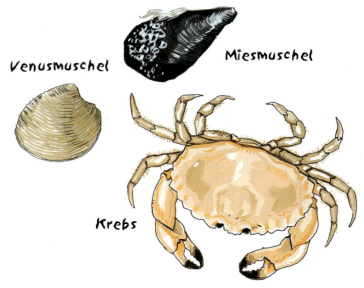

Venusmuschel

Miesmuschel

Krebs

Schiffe laufen aus

Alle vier Jahre treffen sich im Hafen von Brest und im Hafen von Douarnenez Schiffe aus aller Welt.

Züge haben Bahnhöfe, Schiffe haben Häfen. Dorthin kehren sie schließlich alle zurück, um den Fang an Land zu bringen oder Waren auszuladen, Passagiere an Bord zu nehmen oder um Reparaturen machen zu lassen.

Es gibt sehr große Häfen wie Hamburg und Rotterdam, und es gibt ganz kleine, in denen nur eine einzige Barke anlegen kann. Aber alle erfüllen denselben Zweck: Sie bieten denen Schutz, die von der offenen See kommen.

Das Leben in einem großen Hafen kommt nie zur Ruhe. Von weit draußen hat sich ein großes Schiff angekündigt. Es wird schon erwartet: Schleppkähne bugsieren es zu seinem Platz am Kai. Wenn es festgemacht hat, werden die Laderäume geöffnet, Kräne setzen sich in Bewegung, um Fracht ein- oder auszuladen. Die Fracht wird dann unter Aufsicht der Zollbeamten und der Hafenpolizei von Dockarbeitern weiterbefördert.

Versorgungsschiffe schaffen alles heran, was an Bord so gebraucht wird. Nach wenigen Stunden ist das Schiff wieder für die große Fahrt bereit, und ein anderes wartet bereits darauf, seinen Platz am Kai einzunehmen.

Fischer auf hoher See

In den Wellenbrechern setzen Fischer ihr Leben aufs Spiel, um den König der Fische, den Seebarsch, zu fangen.

Seefahrer, die den Atlantik überquert hatten, fragten sich, warum ihre Schiffe auf dem Weg von Amerika nach Europa immer schneller waren als von Europa nach Amerika. Geografen fanden heraus, dass es eine Meeresströmung gibt, die sie Golfstrom nannten. Eine Strömung ist wie ein Fluss, der durch das Meer fließt, entweder an der Oberfläche oder tiefer unten. Ausgelöst werden solche Strömungen von den Winden, die über die Ozeane pfeifen.

Der Golfstrom entsteht im warmen Wasser des Golfs von Mexiko, schlägt zunächst nördliche Richtung ein, wendet sich dann von der amerikanischen Küste ab und fließt Richtung Osten nach Europa. Dort folgt er der Küstenlinie, bevor er sich im arktischen Eismeer verliert – und all das mit einer Geschwindigkeit von vier Stundenkilometern. Schiffe, die auf demselben Kurs unterwegs sind, lassen sich von ihm tragen und kommen auf diese Weise schneller vorwärts.

Durch die Ozeane fließen viele andere große Meeresströmungen. Je nachdem, in welchen Meeren sie entstehen, bringen sie Wärme oder Kälte an die Küsten, an denen sie entlangfließen.

Die *Norway*, das Prunkstück der norwegischen

Flotte

Im Jahr 1964 ist die *France* vom Stapel gelaufen, doch Frankreich konnte sie nicht halten: Sie war zu schön, zu groß und zu luxuriös. Für die Norweger ist sie seit 25 Jahren das Flaggschiff ihrer Flotte; sie haben sie auf den Namen *Norway* umgetauft.

Die Geschichte der Passagierschiffe beginnt Anfang des 19. Jahrhunderts, als immer mehr Menschen in die Vereinigten Staaten von Amerika auswandern. Am gefragtesten sind die großen Schiffe zwischen den beiden Weltkriegen. Riesige Dampfer, die wie schwimmende Paläste aussehen, werden gebaut. Sie können die Millionäre ebenso angemessen unterbringen wie die vielen Emigranten.

Die großen Seemächte (Frankreich, USA, Großbritannien, Norwegen und Deutschland) stürzen sich in einen Wettlauf um Ruhm und Ehre: Wer baut das luxuriöseste und schnellste Passagierschiff? Das Blaue Band, die begehrte Auszeichnung der Rekordgeschwindigkeiten, wird hierzulande der *Deutschland*, der *Bremen* und der *Europa* verliehen. Sie alle tragen Jahr für Jahr Hunderttausende von Passagieren über alle Weltmeere.

Doch dann kommen die Flugzeuge auf. Die Flugzeiten werden immer kürzer, die Preise immer niedriger; die Ozeanriesen müssen sich geschlagen geben. Aber es bleiben ihnen ja noch die Kreuzfahrten: Reisen für die Touristen, die den Duft der großen, weiten Welt schnuppern wollen und sich für exotische Länder begeistern.

Ein Delfin als Schiffslotse

Fast könnte man meinen, dass der Schiffsbug seinen Spaß an den Wasserspielen des Delfins hat.

Der Delfin lebt im Meer, er hat Flossen, aber er ist kein Fisch Er ist ein Meeressäugetier wie der Pottwal, die Bartenwale und die Orkas.

Das Weibchen bringt sein Junges nach zwölf Monaten Tragzeit zur Welt und säugt es, genauso wie Menschen-Mütter es tun. Delfine sind gesellige Tiere; sie spielen für ihr Leben gern miteinander, und oft schließen sich an die hundert Tiere zu Gruppen zusammen.

Delfine verständigen sich untereinander mit Hilfe verschiedenster Töne, Pfiffe, Quiek- und Knirschlaute. Wissenschaftler versuchen, die Geheimnisse ihrer Sprache zu ergründen, aber bisher ist es ihnen noch nicht gelungen.

Delfine stehen unter Schutz, aber die riesigen Netze, die von den Fischern in manchen Meeresgebieten aufgespannt werden, sind eine tödliche Falle für sie: Jahr für Jahr verfangen sich Tausende in den Maschen und ersticken qualvoll.

Die Lachszucht

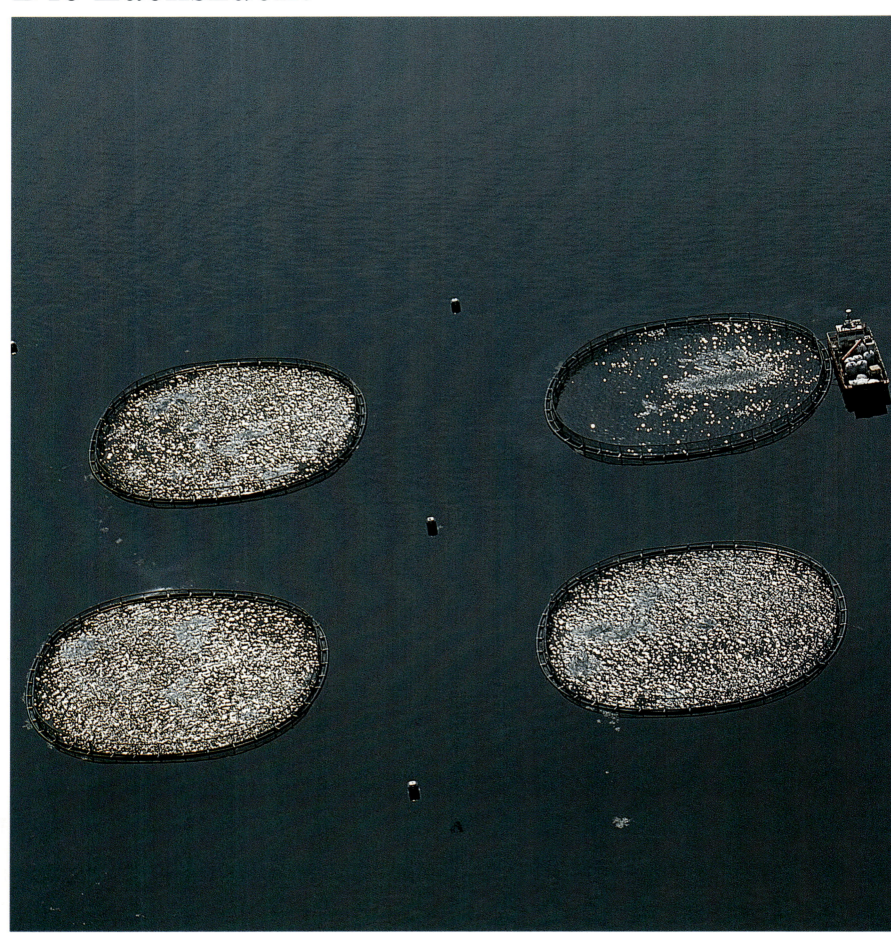

Die Lochs, die tiefen Seen in Schottland, eignen sich hervorragend für die Fischzucht. Der bekannteste See ist Loch Ness.

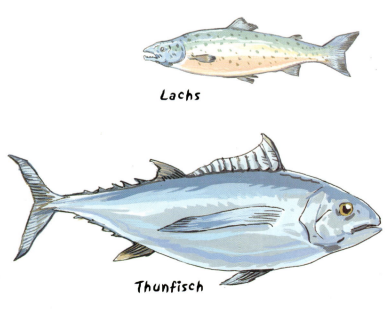

Ein Fischzüchter zieht Fische auf, füttert und pflegt sie und verkauft sie schließlich, wenn sie groß genug zum Essen sind. Lange Zeit konnte der Mensch sich nur mit Fischen versorgen, wenn er sie fing. Weil aber die Nachfrage nach Fisch immer größer wurde und die Bestände immer weiter schrumpften, haben Wissenschaftler Methoden entwickelt, um Fische zu züchten.

Mit einer besonderen Futtermischung und der richtigen Menge Licht und Wärme können Jungfische heute sogar in Gefangenschaft schlüpfen und aufwachsen. Nach drei Jahren ist aus dem Ei eines Seebarsches ein schöner Fisch von 350 Gramm geworden – wenn er auch ein bisschen anders schmeckt als sein in Freiheit aufgewachsener Artgenosse. Die Zuchtfische fressen nämlich nicht das Gleiche wie ihre wilden Verwandten, deshalb hat ihr Fleisch eben einen etwas anderen Geschmack. Auch die Goldbrasse, der Steinbutt und die Seezunge eignen sich gut für die Zucht.

Überall auf der Welt macht die Fischzucht gewaltige Fortschritte: Gigantische Zuchtanlagen für Lachse gibt es in Norwegen und Kanada; riesige Garnelenfarmen in Bangladesch.

Lachs

Thunfisch

Surfer an einem Strand

Dieser Surfer kommt erschöpft aus den Wellen zurück.

Brandung heißt auf Englisch »Surf«. Wenn Wellen auf das Ufer treffen und sich überschlagen: Das ist Brandung. Die Surfer spielen mit der Brandung, indem sie auf einem Brett über die Wellen sausen.

Dieser Tanz auf den Wellen begeistert seit einigen Jahrzehnten immer mehr Menschen. An bestimmten Punkten der Erde können die Wellen riesengroß werden, und dort treffen sich die Surfer. Sie reisen um die ganze Welt, nach Taapuna auf Tahiti, nach Tavarua auf den Fidschi-Inseln, an die Atlantikküste oder auch nach Sylt. Überall da, wo Wellen sich brechen, sind die Surfer in ihrem Element.

Viele dieser Küsten sind gefährlich und eignen sich nur für die besten Wellenreiter. Es ist nicht jedermanns Sache, sich mit solchen Brechern einzulassen und an den Steilwänden riesiger Wellen entlangzusausen. Aber alle sind sich einig: Surfen ist eine unvergleichliche Sportart.

Ein Hubschrauberträger

Von der Brücke des französischen Hubschrauberträgers *Jeanne d'Arc* hat gerade ein Helikopter vom Typ *Alouette III* abgehoben. Er geht vor der Küste Argentiniens auf hoher See auf einen Aufklärungsflug.

Mit seiner Kriegsflotte sichert sich ein Land seine Seemacht. In früheren Zeiten gab es Kriegsgaleeren. Das waren zweimastige Ruderschiffe, die meist von Sklaven oder Sträflingen gerudert wurden. Sie waren wendig, aber nicht besonders seetüchtig. In der Neuzeit wurden sie durch die motorgetriebenen Kriegsschiffe abgelöst. Die Kriegsflotte ist ein furchterregendes Kriegswerkzeug. Heute gehören Flugzeugträger und Zerstörer, die stark bewaffneten und gepanzerten Schlachtschiffe, dazu. Als Spähschiffe dienen die Kreuzer. Fregatten sind Geleitschiffe, die zum Schutz von U-Booten und Flugzeugträgern eingesetzt werden. Minenleger verstreuen Minen im Meer, Minenräumboote holen sie wieder heraus. Tanker versorgen sie alle mit Treibstoff. Die Kriegsschiffe werden in Marine- und Flottenstützpunkten versorgt, gewartet und repariert.

Die *Jeanne d'Arc* ist ein besonderer Hubschrauberträger: Sie es ist ein Schulschiff für junge Offiziere, die ihren Abschluss an der Marineakademie absolviert haben: Auf einer sechsmonatigen Ausbildungsfahrt rund um den Globus können sie an Bord das, was sie gelernt haben, zum Einsatz bringen.

Vergnügliche Bootsfahrt

Es macht einfach Spaß, unter Segeln oder mit Motorkraft in See zu stechen und durch friedliche Buchten, kleine Fjorde und Flussmündungen zu schippern.

Seit ungefähr fünfzig Jahren wird der Segelsport immer beliebter, und die Zahl der Yachthäfen hat sich vervielfacht. Ein eigenes Boot haben und einfach losfahren … davon träumen viele.

Das Navigieren ist gar nicht so einfach. An den Küsten gibt es aber heute zahlreiche Segelschulen, in denen der Umgang mit Jollen und Motoryachten erlernt werden kann.

Wenn man auf Flüssen, Seen oder Kanälen segeln oder Motorboot fahren will, darf man nämlich nicht einfach loslegen. Wie beim Autofahren braucht man einen Führerschein. Vor der Prüfung lernt man alles über das Wetter, die verschiedenen Knoten und über das Steuern eines Bootes. Natürlich steigt man auch mit seinem Fahrlehrer ins Boot und übt das Gelernte in der Praxis. Sobald man die Führerscheinprüfung bestanden hat, ist man sein eigener Kapitän.

Austernzüchter bei der Arbeit

Austernzüchter machen sich die Gezeiten zunutze: Bei Ebbe gehen sie ihrer Arbeit an den Zuchtbänken nach.

Schon immer hat der Mensch Austern gegessen. Der Beweis sind die Berge leerer Schalen, die Menschen aus ganz frühen Kulturen hinterlassen haben, von denen wir nicht einmal schriftliche Zeugnisse haben.

Seit Menschengedenken haben sich Austern auf ganz natürliche Weise in so genannten Bänken in Ufernähe angesammelt. Im 19. Jahrhundert, als die Nachfrage stieg und die natürlichen Austernbänke immer seltener wurden, kamen die Menschen auf die Idee, Austern in speziellen Anlagen zu kultivieren, in so genannten Parks. Damit war die Austernzucht erfunden.

Überall an der Küste entstanden Austernparks. Trotz der Krankheiten, die ihnen manchmal sehr zusetzen, gibt es die Austern noch immer. Sie werden sogar immer mehr.

Ein Austernzüchter ist Seemann und Bauer in einer Person. Er sammelt die jungen Austern, züchtet sie, und wenn sie groß genug sind, verpackt er sie. Eine Menge harter Arbeit steckt er in seine Kulturen, bevor er die Austern endlich verkaufen kann. Drei bis vier Jahre dauert das alles, aber das Ergebnis kann sich sehen lassen!

Salinenarbeiter in den Salzsümpfen

Am Ende eines Sommertages ernten Salinenarbeiter das Salz, das in der Sonne Kristalle gebildet hat.

Von oben sehen sie aus wie ein Schachbrett oder ein Mosaik: Salinen und Salzsümpfe bilden eine erstaunliche, ganz von Menschenhand erschaffene Landschaft.

Schon seit Jahrtausenden wird Salz gewonnen, dieses wertvolle Etwas, das unsere Nahrung haltbar macht und unseren Speisen erst den richtigen Geschmack verleiht. Das Salz verdanken wir den Salinenarbeitern (in dem Wort »Saline« steckt das lateinische Wort »sal« für Salz).

In den Sumpf gegrabene Kanäle leiten Meerwasser in immer flacher werdende Becken, wo Sonne und Wind das Wasser verdunsten lassen. In der richtigen Jahreszeit ist die Verdunstung so stark, dass die ganz flachen Becken fast überhaupt kein Wasser mehr enthalten: Jetzt kann das Salz geerntet werden.

Um ein Haar wären die Salinen verschwunden – verdrängt von der Konkurrenz der industriellen Salzproduktion. Aber die Salinenarbeiter haben sich durchgesetzt. Man kann ihnen nur wünschen, dass sie noch lange im Labyrinth ihrer Sümpfe unterwegs sind.

Der Leuchtturmwärter

Bevor gegen Abend das Licht angeht, überprüft der Leuchtturmwärter, ob das automatische Leuchtfeuer in Ordnung ist.

Es ist noch gar nicht so lange her, da funktionierten die Leuchttürme nicht vollautomatisch: Sie hatten ihre Leuchtturmwärter, die bei Sonnenuntergang das »Feuer« in der Linse entzündeten. Sie achteten darauf, dass es gut brannte und löschten es bei Tagesanbruch wieder. Die Glückspilze unter ihnen betreuten einen Leuchtturm, der auf festem Boden stand. Die meisten wohnten mit ihren Familien in Häuschen, die aussahen, als seien sie am Turm festgeklebt.

Andere mussten ihren Dienst weit draußen auf hoher See tun. Sie waren den Gefahren des Meeres ausgesetzt, fernab von jeder Zivilisation. Das waren endlos lange Wochen, in denen ihnen nur ein Kollege Gesellschaft leistete. Während der heftigen Winterstürme, wenn die Wellen oft noch oberhalb des Leuchtfeuers gegen den Turm klatschten und das Gemäuer erzittern ließen, schien die Zeit überhaupt nicht zu vergehen.

Heute gibt es nur noch wenige bewohnte Leuchttürme mitten im Meer, alle anderen werden von Land aus ferngesteuert und überwacht.

Leuchtturm bei Nacht

Am westlichsten Punkt Europas steht der Leuchtturm von Créac'h. Am Fuße des Turms liegt ein wunderschönes Museum, das über die Geschichte der Leuchttürme und der Seenot-Rettungen berichtet.

Zu Tausenden stehen sie an allen Küsten der Welt. Vom Nordkap bis zum Kap Horn, von New York bis Wladiwostok warnen sie vor jeder gefährlichen Landspitze, zeigen jede unsichtbare Sandbank und Klippe an, weisen den Weg in jeden Hafen: die Leuchttürme.

Manche sind Berühmtheiten. Da ist zum Beispiel Eddystone in Großbritannien, den das Meer zweimal zerstört hat; oder Roter Sand im offenen Meer vor Wangerooge. Und der allererste Leuchtturm stand in Alexandria in Ägypten. Er galt in der Antike als eines der Weltwunder.

Jeder Leuchtturm spricht seine eigene Sprache, das heißt, er blinkt auf seine ganz eigene Art und Weise. Die Rhythmen sind unterschiedlich, die Farben auch. Der Leuchtturm links zum Beispiel schickt alle zehn Sekunden zwei weiße Lichtbündel los, die noch in einer Entfernung von siebzig Kilometern zu sehen sind.

Leuchttürme sind so etwas wie die Wachtposten des Meeres. Sie sind Zeugen einer langen und spannenden Geschichte.

Sturmwarnung

An stürmischen Tagen kommt der Kanal selbst erfahrenen baskischen Seemännern sehr eng vor.

Orkan, Tornado, Taifun, Zyklon: Ein tobender Sturm hat viele Gesichter, und man kann ihm verschiedenste Namen geben, aber er bleibt immer ein Sturm! Ohne Wind kein Sturm. Je stärker der Wind bläst, desto wilder wird das Meer. Und wenn der Wind richtig wütend wird, dann macht es das Meer genauso!

Ein gewisser Herr Beaufort hat eine nach ihm benannte Skala entwickelt, mit der man die Windstärke auf dem Meer messen kann. Wenn die Skala 1 anzeigt, herrscht Flaute, das heißt, das Meer ist völlig glatt; Segler nennen so etwas eine »Stockflaute«. Stufe 3 ist schon eine leichte Brise. Ab Stärke 7 auf der Skala sollte man die Segelflächen verkleinern. Dann kommen 8, 9, 10 … das Meer wird immer wilder, die Wellen schlagen immer höher. Bei 11, 12 wütet der Orkan, das Meer brodelt, die Masten krachen, die Brecher werden zu Ungeheuern. Das dauert eine ganze Weile. Danach ist alles wieder in Ordnung … bis zum nächsten Mal!

Schiffbruch auf hoher See

Ein Schiffbruch vor der Küste: Der Kapitän hatte die Lage falsch eingeschätzt.

In der Nacht zum 14. April 1912 stieß die *Titanic*, ein brandneues, angeblich unsinkbares britisches Passagierschiff, im Nordatlantik mit einem Eisberg zusammen. Sie sank in nicht einmal drei Stunden. 1500 Passagiere und Mannschaftsangehörige riss die *Titanic* mit sich in einen eisigen Tod.

Der Untergang der *Titanic* ist sicher das bekannteste Schiffsunglück, aber auch über andere Katastrophen hat man in den Zeitungen gelesen. Da war vor kurzem erst das Unglück mit dem russischen Atom-U-Boot *Kursk*. Neben solchen Katastrophen aus den Schlagzeilen gibt es aber auch all die Namenlosen, die gesunken sind: Segel- und Fischerboote zum Beispiel, die mit großen Frachtschiffen kollidiert sind – die Liste ist lang!

Heutzutage ist Schiffbruch seltener. Per Funk kann Hilfe angefordert werden, Wettervorhersagen werden immer genauer, und Hubschrauber können ziemlich weit von der Küste entfernt für Hilfsaktionen eingesetzt werden.

Trotzdem gehört Schiffbruch weltweit zum Alltag. Es ist gerade so, als wolle uns das Meer immer wieder daran erinnern, dass es stärker ist als wir!

Rettungsaktion

Die DGzRS ist eine der modernsten See-
notrettungsdienste der Welt. Die Männer
und Frauen, die auf den Rettungsbooten
Dienst tun, riskieren ihr Leben, um anderen
Seeleuten zu helfen.

In vielen Hochseehäfen sieht man grüne und orange Schnellboote mit den Initialen DGzRS. Das sind Rettungsboote der Deutschen Gesellschaft zur Rettung Schiffbrüchiger. Die robusten Boote sind im Nu dort, wo Hilfe gebraucht wird: bei in Seenot geratenen Sportbootfahrern, Küstenfischern oder bei abdriftenden Surfern.

Trotz ihre Mutes haben die Leute der DGzRS nur in Küstennähe Aussichten auf Erfolg: Weit draußen auf dem Meer müssen für die Rettungsaktionen Hochseeschlepper eingesetzt werden, die stark und stabil genug sind, um Schiffe ziehen zu können, die hundert Mal so groß sind wie sie selbst. Auch Hubschrauber werden zur Rettung von Menschen eingesetzt.

Entlang der Küste stehen die Gebäude der Küstenwache, von der die Rettungspläne ausgearbeitet werden. Die Küstenwache spielt eine ungemein wichtige Rolle für die Sicherheit auf hoher See.

Sturm und Flaute

Bei Tag und bei Nacht und sogar bei Sturm
fahren die Fischer hinaus aufs Meer.

Früher blieb den Menschen nichts anderes übrig, als den Himmel nach Zeichen abzusuchen, wenn sie wissen wollten, mit welchem Wetter sie zu rechnen hatten. Nach und nach wurden die Messinstrumente immer genauer, und schließlich entstand eine ganz neue Wissenschaft: die Meteorologie.

Ein großer Schritt vorwärts war die Erfindung des Barometers, mit dem man den Luftdruck, das heißt, das Gewicht der Luft, messen kann. Wenn der Druck niedrig ist – also bei Tiefdruck – steigt die Luft auf, kühlt ab, und es bilden sich Wolken: Das Wetter wird schlecht. Bei Hochdruck sinkt die Luft ab, erwärmt sich, und die Wolken lösen sich auf: Das Wetter wird gut.

Seit vielen Jahren sammeln zahlreiche Messstationen und Spezialschiffe meteorologische Daten und leiten sie an die Wetterstationen weiter: Messwerte über Luftdruck, Windstärke, Wassertemperatur und so weiter. Heute übernehmen immer mehr die Satelliten und Computer die Aufgabe, die Ereignisse am Himmel zu fotografieren.

Heutzutage kann ein Schiff einem Wirbelsturm aus dem Weg gehen. Aber ein richtiger Seemann wird sich weiterhin nicht nur auf die Wissenschaft, sondern auch auf seinen Instinkt verlassen.

Wettersatellit

Eine Bohrinsel auf hoher See

In den Anlagen von Claymore ist alles untergebracht, was mit der Erdölförderung und der Weiterverarbeitung zusammenhängt.

Angefangen hat alles mit den hohen metallenen Bohrtürmen, die das Öl aus dem Erdinneren pumpten. Vom Irak bis Texas, von Borneo bis Venezuela – überall wo das »schwarze Gold« sprudelte, wurde es auch gefördert.

Als der Energiebedarf immer stärker anstieg, hat man beschlossen, auch die schwer zugänglichen Ölvorkommen aufzuspüren: das Öl in den Tiefen der Ozeane. So entstanden die ersten Bohrinseln, jene riesigen mitten im Meer gelegenen Plattformen zur Ölförderung.

Natürlich ist die Arbeit auf dem Meer vor der schottischen Küste schwieriger als in der Arabischen Wüste. Die Anlagen sind so konstruiert, dass sie selbst Sturm und starkem Seegang standhalten.

Auf den Ölplattformen treffen Menschen aus der ganzen Welt zusammen: Seemänner, Bohrleute, Köche aus aller Herren Länder verbringen oft viele Wochen miteinander, denn die Entfernung zur Küste ist groß.

Diese riesigen Konstruktionen, die einmal Fremdkörper auf hoher See waren, sind heute ein Teil der Meereslandschaft geworden.

Schiffsgerippe

Ein tolles Abenteuer hat begonnen: Die Fregatte *Hermione* wird rekonstruiert. An Bord des Schiffes segelte ein junger Marquis namens La Fayette im Jahre 1780 nach Amerika, um an der Seite von George Washington am Unabhängigkeitskampf teilzunehmen.

Das erste Schiff, mit dem sich der Mensch aufs Wasser wagte, muss ein Baumstamm gewesen sein. Später folgten Flöße, Pirogen, die ersten Segelboote bis zu den wunderbaren Vier- oder Fünfmastern. Sie verschwanden mit dem Ersten Weltkrieg, als die Dampfschiffe sich durchsetzten. All diese Boote hatten eines gemeinsam: Sie waren aus Holz. Erst zu Beginn des 19. Jahrhunderts wurden Eisen und Stahl verwendet, sparsam zunächst, aber dann immer mehr, bis das Holz verdrängt war.

Die Schiffszimmerleute, die sich auf die Kunst verstanden, aus Holz Schiffe zu bauen, schufen wahre Meisterwerke. Ihr Beruf war hoch angesehen, aber im Laufe der Jahre verschwand er. Als sich immer mehr Menschen für den Bootssport begeisterten, entdeckten sie auch wieder die Schönheit alter Schiffe. Und die Zimmerleute machten sich erneut an die Arbeit. Die Werkzeuge von damals wurden zwar durch moderne Maschinen ersetzt, aber gebaut wurde noch wie früher! Jetzt sind Schiffe aus Holz überall zu sehen. Die Bootsbauer sind wieder da und leisten gute Arbeit!

Die Handelsmarine

Ein Supertanker legt vom Ölterminal von Saint-Nazaire ab, nachdem er seine Ladung »schwarzes Gold« gelöscht hat.

Außer der Kriegsflotte und Freizeitbooten hat es seit jeher die Handelsmarine gegeben. Tatsächlich nutzt der Mensch seit Jahrtausenden die Ozeane als Handelsstraße: Phönizier, Araber, Chinesen und Griechen befuhren die Weltmeere, um die unterschiedlichsten Güter zu transportieren und auszutauschen.

Die Schiffe, die heutzutage für den Warentransport benutzt werden, heißen Frachter. Die modernen Frachtschiffe spezialisieren sich immer mehr: Es gibt Weinfrachter, Getreidefrachter für Weizen und Mais, Gastanker und Öltanker. Die verschiedenen Waren werden in große rechteckige Container gepackt.

Frachter sind natürlich nicht so schnell wie Flugzeuge, können aber viel mehr Ladung aufnehmen. Wenn man die Mengen an Erdöl und Getreide, die jeden Tag um die Welt reisen, per Flugzeug transportieren wollte, bräuchte man eine riesige Luftflotte. Deshalb ist die Handelsmarine unersetzlich.

Regatta-Fieber

1992, Erntedankfest. Der Wind pfeift mit mehr als dreißig Knoten. Der Skipper und seine Mannschaft drehen eine Runde vor der Mission Bay.

Regatten sind Wettkämpfe, die Segler unter-einander austragen. Alle starten von derselben Linie los, peilen eine Boje weit draußen auf dem Meer an, die sie umfahren müssen, und kehren dann zum Ausgangspunkt zurück. Wer die Ziel-linie als Erster passiert, hat gewonnen. Eine Menge Regeln sorgt dafür, dass beim Wettkampf alles glatt geht.

Regatten gibt es für jedes Schiff: Für die statt-lichen Segelboote ebenso wie für die kleinen Optimisten. Die Länge der Rennstrecke wird entsprechend der Bootsgröße festgelegt.

Das höchste Ansehen aller Segelwettkämpfe genießt nach wie vor der America's Cup, der 1851 gegründet wurde. Wahre Traumboote sind das, die daran teilnehmen! Sie sind von den besten Schiffskonstrukteuren entworfen, mit den besten Mannschaften besetzt – und kosten sehr viel Geld. Der Wettkampf wird mehr und mehr zum Medienspektakel und zieht heute Millionen von Fernsehzuschauern in seinen Bann.

Silberreiher auf der Lauer

Von seinem Ansitz am Fluss von Auray aus lauert der Silberreiher auf Beute.

Ob auf Kaimauern, entlang der Küste, am Strand oder an Felsabbrüchen: Seevögel gehören ganz einfach zum Meer. Manche bleiben immer in Ufernähe, andere dagegen können Hunderte von Meilen vom Land entfernt leben.

Es gibt unglaublich viele Arten von Seevögeln. Die meisten sind gut an das Leben auf dem Meer angepasst: Ihre Füße haben Schwimmhäute und sitzen weit hinten am Körper, so dass die Vögel beim Schwimmen eine stabilere Lage haben. Manche haben Drüsen in den Augenwinkeln, mit denen sie den schädlichen Überschuss an Meersalz ausscheiden können.

Der Albatros ist sicher der König unter den Seevögeln: Seine ausgebreiteten Flügel haben eine Spannweite von über drei Metern. Nur zum Brüten kommt er an Land. Selbst bei größtem Sturm kann er stundenlang in der Luft schweben, und er bringt es sogar fertig, in den Wellentälern zu schlafen.

Möwen und Kormorane sind die häufigsten Küstenvögel. Keine Frage: Ohne all diese Vögel würde das Meer viel von seinem Leben und seiner Schönheit verlieren.

Silber-
möwe

Papageientaucher

Albatros

Auf Fischfang

Diese traditionellen Boote werden noch mit Hilfe von angeschirrten Ochsen den Strand entlanggezogen.

Schon in grauer Vorzeit hat der Mensch Fische gefangen. Noch heute ist der Fischfang die Lebensgrundlage ganzer Völker. Das gilt zum Beispiel für das Land Bangladesch.

Es gibt viele Methoden zu fischen: vom Fischer, der allein mit seinem kleinen Kahn lostuckert bis hin zur schwimmenden russischen oder japanischen Fischfabrik. Aber das Ziel ist immer das Gleiche: So viel frischen Fisch wie möglich an Land zu bringen. Die großen Trawler bleiben oft wochenlang auf hoher See. In ihren Laderäumen können sie den Fisch tiefkühlen.

Heute sind viele Meeresregionen überfischt, und manche Fischarten sind sogar vom Aussterben bedroht. Die Regierungen verschiedener Länder haben Maßnahmen ergriffen, die Fanggebiete und die Fangmengen zu begrenzen. Außerdem dürfen nur Fische ab einer bestimmten Größe gefangen werden: Wenn die Fische zu klein sind, konnten sie sich noch nicht vermehren und das Überleben der Art sichern. Man kann nur hoffen, dass auf diese Weise das Artensterben in den Ozeanen eingedämmt wird.

Ein Vogel versinkt im Ölteppich

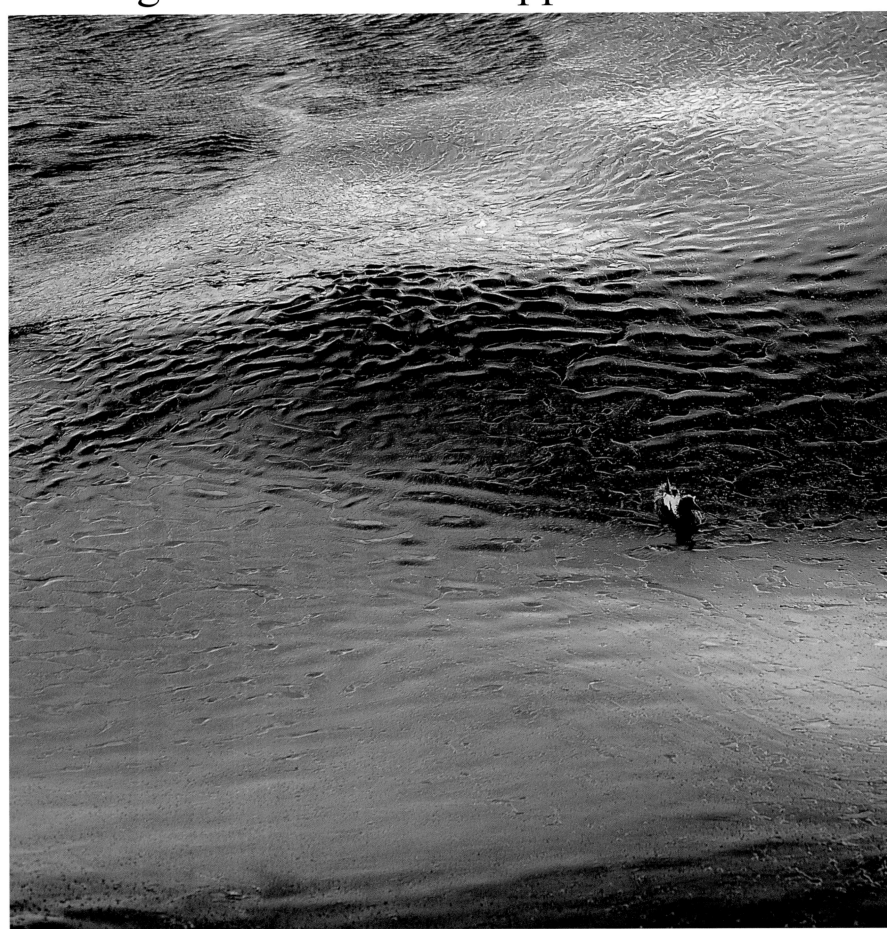

Am 20. Dezember 1999 nähern sich der Insel Belle-Île die ersten Ölteppiche aus dem Rumpf des Öltankers *Erika*. Dieser Basstölpel hat keine Chance mehr, und der Fotograf hoch oben im Hubschrauber kann nur hilflos zusehen.

Das Meer ist so riesengroß, fast unendlich, dass die Menschen glaubten, es sei unsterblich – und sie haben es bedenkenlos verschmutzt.

Hinzu kamen die erschreckenden Katastrophen. Da flossen zum Beispiel hunderttausende Tonnen Öl aus den aufgerissenen Schiffskörpern der gesunkenen Öltanker *Amoco Cadiz*, *Erika* oder *Prestige*. Wir alle haben diese Bilder im Kopf: besudelte Strände, erstickte Fische, Seevögel mit verklebtem Gefieder ...

Aber die Verschmutzung der Meere hat noch viele andere, weniger spektakuläre Ursachen: Immer noch reinigen manche Öltanker ihre Frachträume illegal auf hoher See; immer noch versenken Frachtschiffe Fässer mit Atommüll bei Nacht und Nebel in den Ozeanen; immer noch leiten manche Städte ihr Abwasser ins Meer. Viele Menschen denken sich überhaupt nichts dabei, das Meer als Mülltonne zu benutzen!

Aber das Meer ist nicht unsterblich – das ist nicht mehr zu übersehen: Manche Fischarten werden selten und viele giftige Algen wuchern unter der Meeresoberfläche. Der Mensch täte gut daran, sich zu erinnern, dass er ohne das Meer nicht überleben kann.

Die Rückkehr der *Belém*

Es ist Ende Oktober 1995, und die *Belém*
ist nach einem Sommer im Mittelmeer
in den Atlantik zurückgekehrt. Auf hoher See
ist sie wieder ganz in ihrem Element.

Jahr für Jahr treffen sich in vielen Häfen dieser Welt die Großsegler aus aller Herren Länder. Wenn die Windjammer, die Riesen der Meere, aus Kolumbien oder Norwegen, aus Großbritannien oder Deutschland unter vollen Segeln einlaufen, zeigen sie sich von ihrer besten Seite.

Wie bei allen großen Spektakeln gibt es auch hier Stars – berühmte Schiffe, die alle Bewunderung auf sich ziehen. Ein solcher Star ist die *Esmeralda*, die 1927 gebaut wurde. Sie gehörte der spanischen Marine, bevor sie das Schulschiff der chilenischen Marine wurde. An Bord sind 21 Offiziere, 140 Matrosen und 167 Offiziersanwärter.

Die *Belém* ist ein stählerner Dreimaster. Das Schiff wurde 1896 in Nantes gebaut und transportierte ursprünglich Kakaobohnen. Mit ihren fünf Offizieren und elf Besatzungsmitgliedern ist die *Belém* eine Ausbildungsstätte für alle, denen es die traditionelle Seefahrt angetan hat. Das bekannteste deutsche Schulschiff ist die Gorch Fock, die seit vielen Jahren zur Ausbildung der Seeleute dient. Ihr Heimathafen ist Kiel.

Bordmanöver

Die großen Manövrierübungen finden bei jedem Wetter statt.

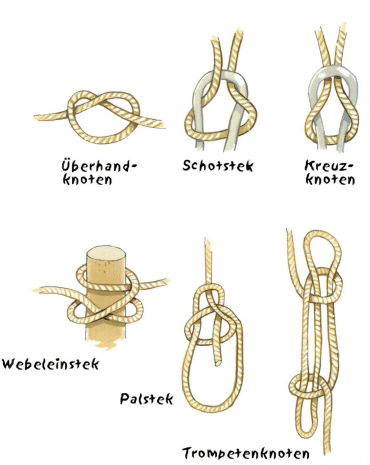

Schiffsknoten zu setzen, ist eine Wissenschaft für sich. Auf einem Segelschiff gibt es jede Menge Taue, um die Segel zu hissen und zu spannen oder um das Schiff am Kai festzumachen. Jedes einzelne Tau hat seinen Namen. Und wehe, ein Knoten ist schlecht gemacht oder ein Manövriervorgang geht daneben!

Übrigens: auf einem Schiff gibt es keine Seile, außer dem Seil, mit dem man die Schiffsglocke läutet. Alle Arten von Tauen werden Enden (oder auch Leinen) genannt.

Die verschiedenen Knoten heißen unter Fachleuten Steks. Manche sind ganz einfach: der Kreuzknoten, der Schotstek und der Webeleinstek. Andere sind komplizierter, zum Beispiel der Palstek und – noch schlimmer – der Trompetenknoten. Jeder Stek hat eine ganz bestimmte Aufgabe an Bord.

Bis heute muss jeder Freizeitsegler unbedingt die Steks kennen. Denn es ist peinlich, wenn das eigene Boot davontreibt, nur weil es schlecht festgemacht war!

Überhand-
knoten

Schotstek

Kreuz-
knoten

Webeleinstek

Palstek

Trompetenknoten

Strandspiele

Von klein auf haben die polynesischen Kinder eine enge Bindung ans Meer.

Sie sind kilometerbreit oder ganz schmal, aus Sand oder aus Kies: Jahr für Jahr ziehen die Strände dieser Welt Millionen von Frauen, Männern und Kindern an.

Am Strand kann man sich auf verschiedenste Art amüsieren: Man kann sonnenbaden, Sandburgen bauen, man kann Ball spielen – zum Beispiel Beachvolleyball – oder sich am Strandsegeln versuchen. Und dann ist da natürlich das Meer selbst: Man kann surfen, Boot fahren und vor allem schwimmen, und dann fühlt man sich wie ein Fisch im Wasser.

Im Laufe der Zeit sind Ferien am Meer bei jedermann beliebt geworden. Aber der Tourismus hat auch Nachteile: die Hochhäuser entlang der Küsten, in denen die Urlauber untergebracht werden müssen, die Umweltverschmutzung, der Lärm … Mittlerweile sind solche Betonsiedlungen gesetzlich verboten. Vielleicht gelingt es ja auf diese Weise, die Küsten zu schützen. Alle, die das Meer und den Strand lieben, würden sich darüber freuen.

Schiffe im versandeten Hafen

Langsam zieht sich das Meer aus dem
Hafen von Nouadhibou zurück, und langsam
versandet auch die alte Fischereiflotte.

Manchmal kommt es vor, dass das Meer
sein angestammtes Revier verlässt. Ein aktuelles
Beispiel ist der Aralsee: Dieses Binnenmeer in
Mittelasien zwischen Kasachstan und Usbekistan
droht zu verschwinden. Das flache, aber sehr
fischreiche Meer hat ganze Generationen von
Fischern ernährt. Nun droht der Aralsee auszu-
trocknen. Warum? Die Flüsse, die den Aralsee
speisen, führen auf einmal viel weniger Wasser.
Bevor sie beim Aralsee ankommen, wird nämlich
ein großer Teil ihres Wassers umgeleitet. Es dient
der Bewässerung von Baumwollfeldern.

An der mauretanischen Küste sind die Trawler
im Sand gefangen. Die Sahara ist tatsächlich
nicht mehr weit.

Ein außergewöhnliches Boot

Der Hydropter bei seinen ersten Segelversuchen.

Ein Boot bauen, das so schnell und so leicht ist, dass es abhebt und in der Luft schwebt wie ein Albatros, davon haben schon viele geträumt.

Der Seemann Eric Tabarly war fasziniert von alten Schiffsrümpfen und traditionellen Schiffen. Aber auch technische Neuerungen interessierten ihn sehr. Zusammen mit einem Freund hat er an einem seltsamen Gefährt herumexperimentiert, mit dem er sogar beim Wettbewerb der Transatlantik-Route von Lorient in Frankreich zu den Bermudainseln im Atlantik den zweiten Platz belegte.

Das Boot war schnell, sehr schnell, aber es war zu schwer, um tatsächlich fliegen zu können. Noch widerstandsfähigeres, noch leichteres Material musste her.

Ende der neuziger Jahre wurde der so genannte Hydropter zu Wasser gelassen. Der Segler Alain Thébaut hat ihn entworfen, und er ist auch sein Kapitän. Das Boot erreicht eine Höchstgeschwindigkeit von 39 Knoten. Bald wird es auf seinen Flügen 45 Knoten (das entspricht 90 Stundenkilometern) erreichen, ein verblüffender Rekord. Der Hydropter wird noch viel von sich reden machen!

Ebbe und Flut

Zweimal am Tag führt das Meer das große
Schauspiel von Ebbe und Flut auf.

Die Anziehungskraft der Sonne und vor allem des Mondes wirken sich auf unsere Erde aus und damit auch auf die Meere, die sie bedecken. Steht der Mond über dem Meer, zieht er das Wasser an und lässt es steigen. Zieht der Mond weiter seine Bahn, wird das Wasser nicht mehr angezogen und fällt zurück. Man nennt dieses Phänomen Gezeiten.

Das Mittelmeer kennt keine Gezeiten, denn es ist ein fast geschlossenes Meer, in das kaum Wasser hereinfließt. Andere Meere hingegen haben Ebbe und Flut. Je nach geografischer Lage, Jahreszeit, Wassertiefe, Windrichtung, Windstärke und Luftdruck sind die Gezeiten unterschiedlich stark ausgeprägt. Manchmal ist der Tidenhub, also der Unterschied des Wasserstands zwischen Ebbe und Flut, gering. An der Nordsee beträgt der durchschnittliche Tidenhub zwischen den Gezeiten etwa zwei bis drei Meter. Aber in der Fundybay an der Grenze zwischen den USA und Kanada erreicht er fast zwanzig Meter. Die Gezeiten schlagen für das Leben an den Meeresküsten den Sechsstundentakt.

Abgetaucht

Albert Falco war dreißig Jahre lang Assistent des berühmten Meeresforschers und Filmemachers Jacques Cousteau. Heute filmt Albert die Tierwelt unter Wasser, die ihn noch immer zum Staunen bringt, nur zum Vergnügen. Was für ein Glück, ihm bei der Arbeit zusehen zu können!

Seit Urzeiten haben die Menschen davon geträumt, in die Unterwasserwelt vorzudringen, in das Reich der legendären versunkenen Städte.

Aber der Mensch kann im Wasser nicht atmen. Also hat er verschiedene Geräte erfunden, von der einfachen Atemluftflasche bis hin zum perfekten Mini-U-Boot. Mit ihnen kann er endlich in die Tiefen der Ozeane abtauchen, um versunkene Schiffe zu entdecken, Bohrinseln zu reparieren oder ganz einfach die Meereslandschaften zu bewundern und sich entlang der Korallenriffe treiben zu lassen. Die Unterwasserwelt ist zu einem verwunschenen Garten geworden.

Wenn der Mensch in die Tiefe hinabtaucht, drückt das Gewicht des Wassers mit jedem Meter stärker auf seine Lungen, und wenn er zu schnell auftaucht, riskiert er sein Leben. Deshalb können wir Menschen nicht bis zum Grund der Ozeane hinuntertauchen. Auch für unsere Apparaturen ist ab einer bestimmten Tiefe der Druck zu groß. Man könnte meinen, das Meer wolle sich schützen ...

Eric Tabarly, ein ganz besonderer Seemann

Der Segler Eric Tabarly war zweifellos ein großartiger Seefahrer. Nach seiner Ausbildung an der Marineakademie, der Schule für künftige Offiziere, arbeitet er zunächst bei der Marine. Dann widmet er sich seiner großen Leidenschaft – dem Segeln.

Als Erstes kaufte er seinem Vater das reparaturbedürftige Familienboot ab; es war die *Pen Duick*, ein kleines Segelboot, das 1898 in Irland gebaut wurde. »Pen Duick« ist Bretonisch und heißt übersetzt Kohlmeise. Das Boot bekam Nachfolger: die *Pen Duick 2*, *3*, *4* und *5*, die ganz anders waren. Aber Eric nannte sie alle so wie sein erstes Boot. Und sie alle machten ihn zum Gewinner der meisten großen Segelwettkämpfe.

Eric war verrückt nach klassischen Segelbooten und alten Segelausrüstungen. Das hinderte ihn aber keineswegs daran, ständig nach neuen Technologien zu forschen. Aber von all seinen Gefährten sollte die *Pen Duick 1* die Nummer Eins bleiben. In einer Juni-Nacht im Jahre 1998 ertrank Eric an Bord seines Lieblingsbootes weit draußen vor den Küsten von Wales.

Die Magie des Meeres

(1) In der Ferne der kleine Leuchtturm von Clare Island in Irland

(2) Der Leuchtturm von Cordouan an der Mündung der Gironde

(3) Der Fluss Beaulieu in England

(4) Orkanartige Böen